오늘이 끝날 무렵 알게 될 거예요… 그러다 '아예 걷지 못하게 될지도 모르겠어'라는 걱정 끝에 펜트럴을 찾기 시작할 거예요. 영어에게 저랑 너무 사랑스런 마음이 있었나 의아해할 거고요. 차갑게 굴던 영어가 씨익 웃으면 괜스레 마음이 설렐 거예요. 영어가 다가오는 게 왠지 더 이상은 낯설지 않을 거예요. 영어에 대해 조금 더 알고 싶어질 거예요. 시간이 흐를수록 영어에 대해 애기하기를 원할 것이고, 영어가 궁금해질 거예요. 생각보다 영어와 가까워졌다는 걸 깨닫게 될 거고요. 왜 진작 영어에 더 다가가지 않았을까 후회할 때쯤, 영어와 사랑이 시작됩니다.

오기사의 하루영어

초판 1쇄 펴냄 2015년 12월 14일

글 그림 오영욱
영작 알렉 포터
펴낸이 고영은 박미숙

편집이사 인영아
뜨인돌기획팀 박경수 김현정 김영은 이준희
뜨인돌어린이기획팀 이경화 여은영 | 디자인실 김세라 오경화
마케팅팀 오상욱 | 경영지원팀 김용만 엄경자

펴낸곳 뜨인돌출판(주) | 출판등록 1994.10.11(제300-2014-157호)
주소 03176 서울시 종로구 경희궁1길 10-1
홈페이지 www.ddstone.com | 블로그 blog.naver.com/ddstone1994
노빈손 www.nobinson.com | 페이스북 www.facebook.com/ddstone1994
대표전화 02-337-5252 | 팩스 02-337-5868

ISBN 978-89-5807-593-6 13740
CIP제어번호 : CIP2015032932

DSL은 뜨인돌출판(주)의 어학 전문 브랜드입니다.

오기사의 하루영어

오영욱 글·그림

DSL

머리말

내가 영어 카툰을 그리겠다고 하자 나를 잘 아는 주변 친구들이 이구동성으로 반문했다.
"어떻게?"
아아 그렇다. 나는 중학교 때부터 영어를 못했다. 대학 시절엔 영어를 못하면 낙오자였다. 기꺼이 나는 낙오했다. 그리고 이렇게 다짐했다.
"영어를 못해도 잘 살아갈 수 있다는 걸 증명해 내겠어."
돌이켜 보니 꽤 그럭저럭 잘 살아왔던 것 같다. 눈부신 외국인 미녀를 만났을 때를 제외하곤 크게 아쉬움을 느끼지도 못했다. 수도 없이 외국에 혼자 나갔지만 나는 돈을 쓰는 입장이었다. 내게 무언가를 팔거나 제공하는 이들은 내가 영어를 못한다고 구박하지 않았다. 영어로 돈을 벌어야 하는 상황은 없었기에 큰 불편 없이 살아왔던 것이다.

오히려 무의식에 잠재되어 있던 영어가 한꺼번에 쏟아져 나온 적도 있었다. 10년 전의 일이다. 나는 당시 브라질을 여행하다 강도를 만나 모든 것을 털렸다. 한국으로 돌아갈 여비 마련을 위해 콜렉트콜로 미국의 비자카드 서비스 센터에 전화를 해서 임시 신용카드를 발급받아야 했다.(그땐 인터넷으로 그런 것까지는 할 수 없는 시대였다.) 전화기에 대고 내가 무슨 일을 겪었고 내가 무엇이 필요하며 내가 어디쯤 있는지 영어로 얘기해야 했다. 덤으로 카드 발급 시에 적었던 인적 사항과 주소, 은행 정보까지도 철자를 하나하나 불러 가며 말해 줘야 했다. 30분짜리 통화

를 세 번은 했던 것 같다. 자신이 하는 말을 알아듣지 못해 치밀어 오르는 분노를 참으며 내게 반복해서 질문해 줬던 미국인 상담원에게 나는 기적적으로 모든 것들을 이야기했다. 나는 살아 돌아왔다.

『오기사의 하루영어』는 오기사가 직장 동료들과 함께 보내는 하루에 대한 이야기다. 여러 에피소드가 영어로 펼쳐진다. 외국인들과 이야기할 때 항상 미소로 대신해야만 했던 많은 표현들을 담았다. 일상의 이야기지 돈을 벌 수 있는 영어를 알려 주는 교재는 아니다. 다만 어딘가 외국으로 훌쩍 놀러 갔을 때, 회사나 학교에서 영어만 할 줄 아는 불청객이 옆자리에 앉게 되었을 때 유용할 거라 기대한다. 혹은 인생의 어떤 위기가 찾아왔을 때 해결책이 되어 줄 무의식 속의 영어 실력을 늘려 줄지도 모른다.

지극히 한국적인 표현들을 영어로 각색해 주느라 고생한 알렉과 인내심이 강한 사람들만 모여 있는 뜨인돌출판사에 경의를 표한다. 출연을 허락한 적이 없지만 내가 무단으로 그려 넣은 주연분들과 조연으로 출연한 토시기와 보라, 그림을 도와준 서지한테도 감사한다.
마지막으로 영어 카툰을 그린다고 했을 때 가장 큰 목소리로 "어떻게?" 하고 반문했던 아내에게 특별히 고마운 마음을 전한다.

Manager

a perfectionist
ability continually restarting projects

H.S.

a 4th dimension fantasizer
ability daydreaming

Bora

a jealous woman
hobby snacking

Tin

a mysterious man, deeply under the spell of Indian philosophy

prologue

Suddenly everything has changed.
I am beginning to think,
speak and feel in English!

01 Good Morning

아침에 일어나면 제일 먼저 뭐 해?

What do you do first when you get up?

02 Coffee

I'll have a latte.

03 Exercise

올해엔 꼭 운동 시작해야지.

This year, I'm really going to get serious about exercise.

04 Rain

내일은 맑았으면 좋겠다.

I hope it will be sunny out tomorrow.

05 Email

중요한 내용은 아니야.

The contents aren't important.

06 Fashion

07 Message

문자로 연락해 줄래?

Can't you just send me a text?

08 Dream

어떤 예쁜 여자애를 만났어.

정말로 미쳐버릴 것 같았어.

그게 실제라면 얼마나 좋을까?

I bumped into a pretty girl.

I was so happy I could barely stand it!

Wouldn't it be wonderful if it were real?

Phone Call

지금 통화 가능하세요?

Are you OK to talk on the phone now?

10 Football

거기서 그렇게 하면 안 되지.

You're not supposed to do that there.

11 Tea Break

Don't disturb.

12 New Face

Daily English

13 Lunch

오늘 메뉴는 네가 정해.

What do you feel like eating today?

Design

That's really my style.

15 Movie

I try to see a movie at least once a month.

16 Jealousy

17 Taxi

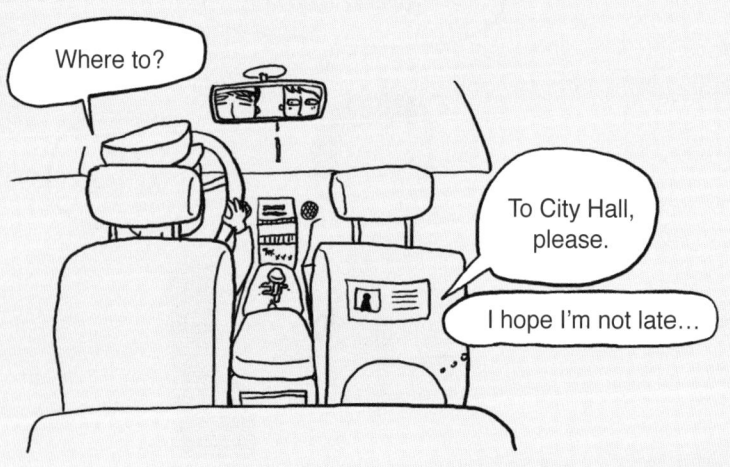

About how much is the fare to there?

18 **Travel Plan**

그 전까지 일을 모두 마칠 수 있을까?

Can I finish all my work first?

Memory

나는 기억력이 좋지 못한 편이야.

I have a bad memory.

20 What do we call love?

I've met her, but I don't know much about her.

Cafe

시끄럽지 않은 곳이면 좋겠어.

I hope it's quiet there.

Caring

Where are your manners?

23 **Money**

돈 얘기는 어려워...

It's hard to talk about money.

24 Annoyance

지금 장난해?

Are you kidding me?

Solitude

Nobody's on my side.

Language

이따 다시 얘기하자.

Let's talk again after a little while.

27 Excuse

넌 왜 항상 제멋대로 행동해?

Why do you always only think about yourself?

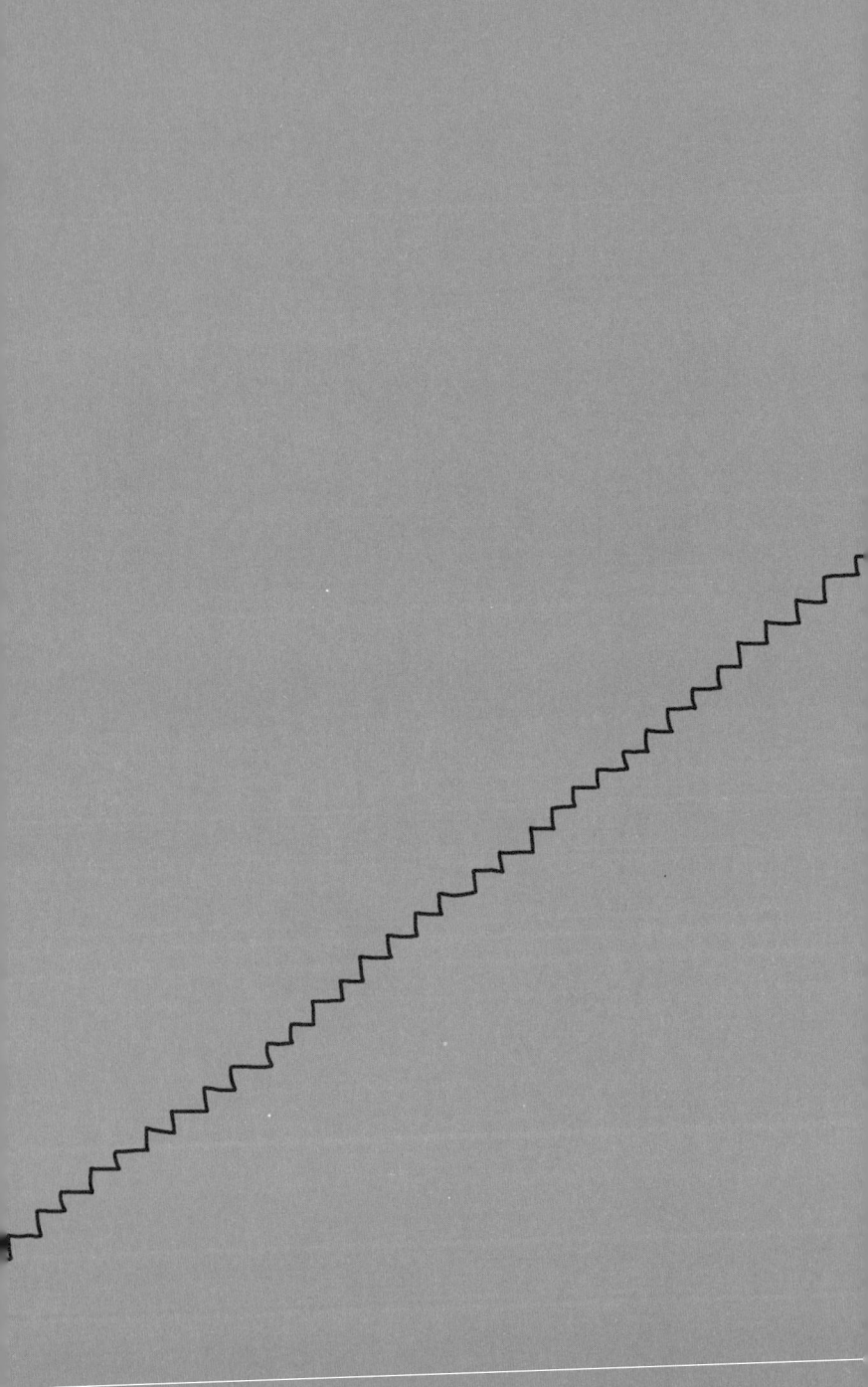

28 Children

일부러 그런 건 아니었어.

I didn't do it on purpose.

Wedding Ceremony

할 말이 없을 땐 무조건 "예쁘세요"라고 말하자.

When you don't have anything to say, say "you look so beautiful".

Radio

그 사람 본 적 있어?

Especially that DJ who is on at 10 P.M.

Have you ever seen her?

Cat

Parents

나는 너와 생각이 달라.

We just think differently.

33 Conflict

How could you do something like that to me?

Favorite Music

음악에 대해 잘 몰라요.

SNS

내가 사진 올린 거 봤어?

Did you see the picture I posted?

Habit

가장 중요한 건 습관을 바꾸는 거야.

It's important to change your bad habits.

Review 37

네가 알아서 했으면 좋겠다.

I wish I could trust you to do it well by yourself.

Pet

정말 예쁘지 않아?

Isn't he pretty?

Confession

These are my true feelings.

Fortune Teller

네가 나를 잊지 않았으면 좋겠어.

I hope you will never forget me.

Military Service

마음 먹었을 때 실행하자.

시간이 너무 아까워.

When you decide, just do it.

Life is short, and time is precious.

42 Exhibition

무슨 생각을 하는 건지 모르겠네.

I don't know what he thinks.

Hometown

가장 오래 살았던 곳이 어디야?

Where have you lived the longest?

Computer

Ctrl + S 를 생활화합시다.

아, 젠장, 짜증나!

You better get in the habit of hitting "Ctrl + S".

Oh crap.

45 Move

2년 만에 보는구나.

I haven't seen you for two years.

...

Politics

하지만 세상은 만만치 않다.

나는 중립이야.

Present

48 The Dentist

잇몸에서 피가 나요.

My gums are bleeding.

Taste

어떻게 이걸 맛있다고 할 수 있지?

You really think this is delicious?

Fantasy

모든 문제는 나로부터 비롯된다.

All problems originate in oneself.

Haircut

What's your true self?

52 **Stress**

CEO

I used to be so motivated.

54 Shopping

비싸서 많이 사지 못했어.

They were too expensive so I couldn't buy many.

55 Physical Affection

56 Smoking

나한테서 냄새 나?

Do I smell weird?

Appointment

기다리게 해서 죄송해요.

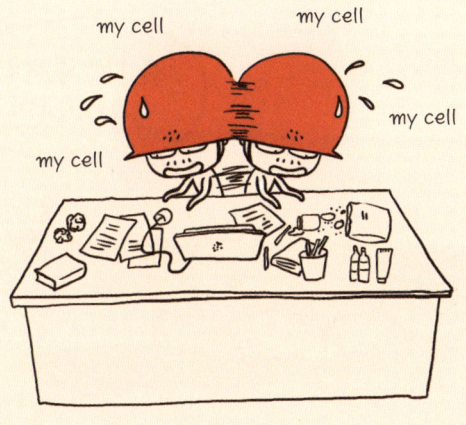

I'm sorry for making you wait so long.

Book

종이책은 영원히 사라지지 않을 거야.

Pharmacy

잠깐 감기약 좀 사러 갔다 올게요.

I'll go buy some cough medicine real quick.

Handwriting

정말 너를 이해할 수가 없어.

Bag

나는 구속받고 싶지 않아.

I don't want to compromise in relationships.

62 Sunglasses

너한테 잘 어울려.

It suits you.

Prize

오늘은 내가 한잔 쏜다.

I'll treat you to a beer today.

Traffic Violation

한번만 봐주세요.

Please let it pass this time.

65 Get Together

오늘 하루도 저물어 가는구나.

Ah, today is almost over.

Pub

언제까지 이렇게 지루하게 살아야 할까.

How long do I have to live this dull life?

Drama

진짜 감동적이야.

It's really touching.

68 Flirting

I'm perfect.

I'm superior to everyone.

I'm charming.

Yep, it's me.

Can't you try to be serious?

Massage

오늘은 얼른 들어가서 자고 싶네요.

Today I want to go home quick and sleep.

Wine

난 라벨이 예쁜 와인을 좋아해.

I love wine with cool labels.

Apology

나는 항상 솔직하지 못했어.

I'm not usually honest with myself.

Airport

옆자리에 아무도 타지 않길...

I hope there's no one sitting next me.

73 **Snow**

I hate the cold, but I love to snowboard.

Loneliness

하지만 결국 혼자 왔다.

오늘은 조금 늦게 들어갈 것 같아.

And yet, I always end up drinking by myself.

I think I'll stay out late today.

Skin Care

I feel really good today for some reason.

Chocolate

77 Parting

결국 또 이렇게 되는구나.

Regret

79 Good Night

하루하루를 소중히 보내야지.

I'm going to spend everyday like it's my last day.

두둥실

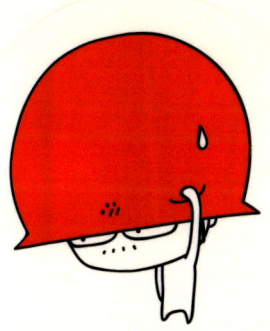